0

zero

nul

10

dez

tien

20

vinte

twintig

30

trinta

dertig

40

quarenta

veertig

50

cinquenta

vijftig

60

sessenta

zestig

70

setenta

zeventig

80

oitenta

tachtig

90

noventa

negentig

100

cem

honderd

1000

mil

duizend

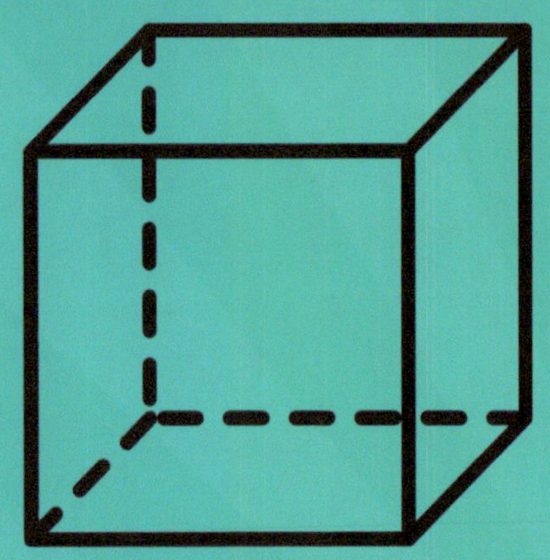

cubo

kubus

bloco

blok

cubo de gelo

ijsblokje

caramelo

karamel

açúcar

suiker

dados

dobbelstenen

caixa de presente

geschenkdoos

caixa de papelão

kartonnen doos

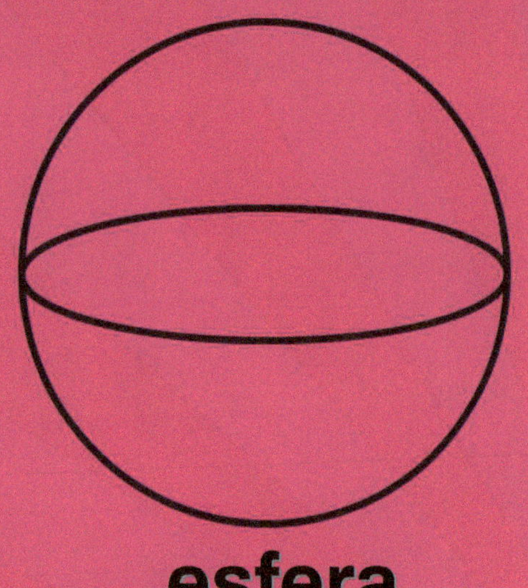

esfera

bol

colher de sorvete

ijsschep

pérola

parel

bolha

bubbel

mármores

knikkers

planeta

planeet

bola de neve

sneeuwbal

bola de ténis

tennisbal

cilindro

cilinder

tubo

buis

baterias

batterijen

carretel de linha

draadspoel

canela

kaneel

rolo da massa

deegroller

salsicha

worst

fardo de feno

hooibaal

cone

kegel

cone de trânsito

wegkegel

cone de gelado

ijshoorntje

chapéu de bruxa

heksenhoed

calabouço

kerker

abeto

spar

chapéu de festa

feesthoed

caracol

slak

amora

braambes

groselha

bes

clementina

clementine

durião

durian

pitaia

drakenfruit

jaca

jackfruit

carambola

stervrucht

espargos

asperge

rabanete

radijs

feijão-vermelho

rode boon

nabo

raap

mandioca

cassave

inhame

yam

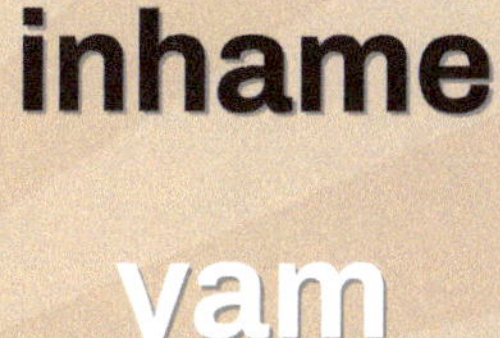

grão-de-bico

kikkererwten

águia

adelaar

morcego

vleermuis

castor

bever

flamingo

flamingo

corvo

raaf

melro

merel

chapim-azul

pimpelmees

pega

ekster

andorinha

zwaluwvogel

cotovia

leeuwerik

periquito

parkiet

pica-pau

specht

pavão

pauw

papagaio

papegaai

tucano

toekan

cegonha

ooievaar

coral

koraal

anémona-do-mar

zeeanemoon

ouriço-do-mar

zee-egel

cavalo-marinho

zeepaardje

peixe-palhaço

clownvis

peixinho dourado

goudvis

caranguejo

krab

caranguejo eremita

heremietkreeft

golfinho

dolfijn

narval

narwal

polvo

octopus

lula

inktvis

tubarão-baleia

walvishaai

orca

orka

baleia azul

blauwe vinvis

baleia-beluga

witte dolfijn

tubarão-martelo

hamerhaai

tubarão-branco

witte haai

tubarão-limão

citroenhaai

tubarão-tigre

tijgerhaai

gafanhoto

sprinkhaan

lagarta

rups

escorpião

schorpioen

lagarto

hagedis

dinossauros

dinosaurussen

cabelo preto

zwart haar

cabelo ruivo

rood haar

cabelo castanho

bruin haar

cabelo louro

blond haar

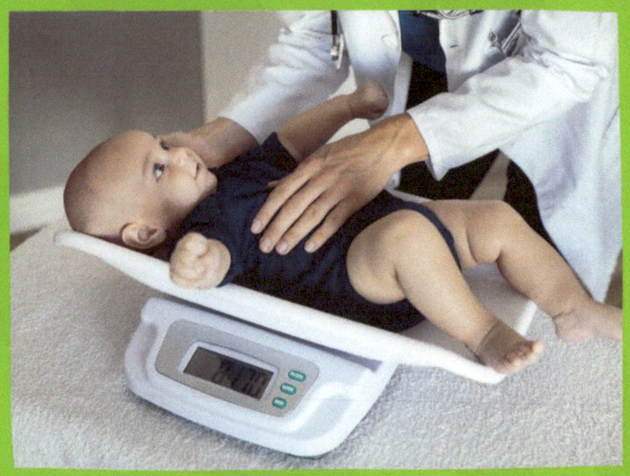

balança

weegschaal

hospital

ziekenhuis

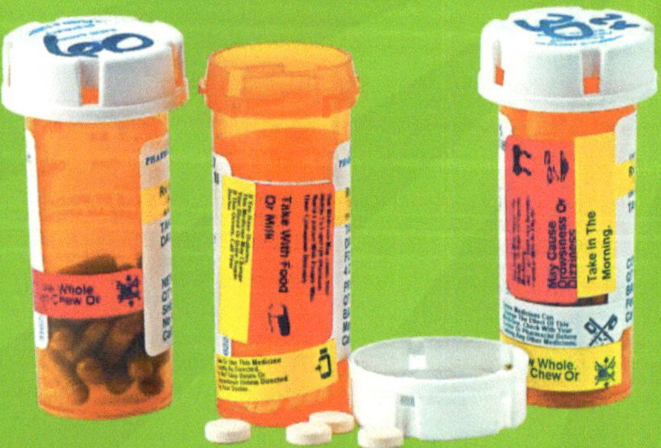

medicina

medicijn

termómetro

thermometer

ligadura

verband

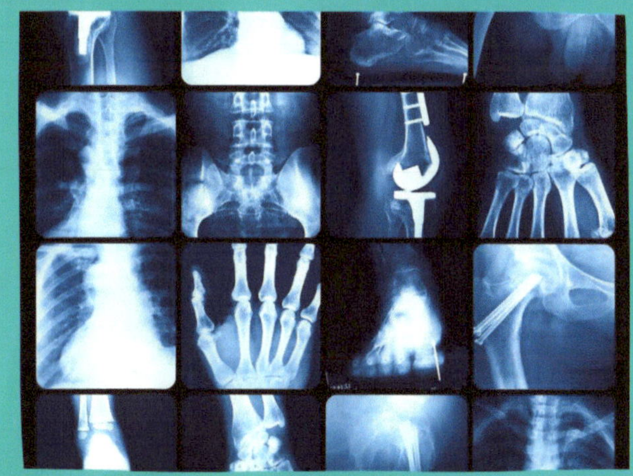

raio-x

röntgenfoto

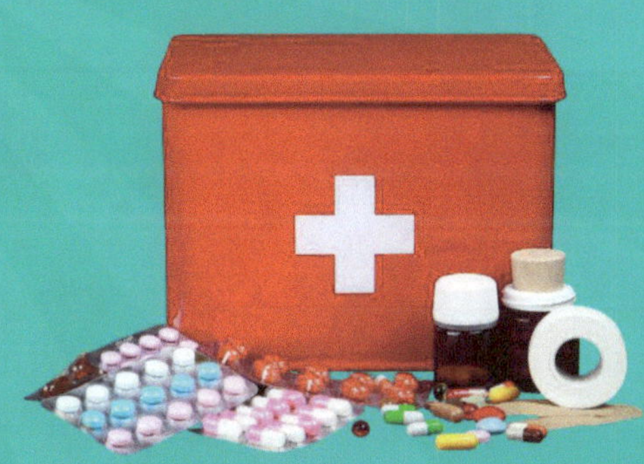

médico

dokter

kit de primeiros socorros

EHBO-kit

jogar

spelen

desenhar

tekenen

contar

tellen

escrever

schrijven

dança

dansen

natação

zwemmen

esquiar

skiën

basquetebol

basketbal

ténis

tennis

pingue-pongue

tafeltennis

futebol

voetbal

passeios a cavalo

paardrijden

hóquei no gelo

ijshockey

judo

judo

boxe

boksen

corrida

hardlopen

basebol

honkbal

críquete

cricket

rúgbi

rugby

voleibol

volleybal

maracas

maracas

pandeireta

tamboerijn

xilofone

xylofoon

violino

viool

piano

piano

guitarra

gitaar

violoncelo

cello

harpa

harp

tambor

trommel

djembe

djembé

bateria

drumstel

trompete

trompet

trompa

hoorn

saxofone

saxofoon

flauta

fluit

auscultadores

koptelefoon

cantar

zingen

partitura

bladmuziek

microfone

microfoon